واحة الحكايات

© واحة الحكايات للنشر والتوزيع
جمهورية مصر العربية
الإمارات العربية المتحدة
Wahat Alhekayat Publishing
and Distribution
EGYPT: 00201122893555
UAE : 0097143336366
00971558236687
Email : w.hekayat@gmail.com
www.wahatalhekayat.com

نغمات وأصوات
تأليف: صفاء عزمي
رسوم: ناتاليا
ISBN 9789776497825
رقم الإيداع بدر الكتب المصرية
١٧٧٢٦/٢٠١٧

نغمات وأصوات

تأليف: صفاء عزمي

رسوم: ناتاليـــا

أ

أَسَدٌ آتٍ
خَلْفَ الثَّعْلَب

أَا أُو إِي

ب

بُلْبُلٌ باتَ

يُغَنِّي ويَلْعَب

با بو بي

ت

تاجِرُ التّوتِ

في البُسْتان

تا تو تي

ثْ

ثَوْرٌ ثَارَ
عَلَى الثُّعْبَان

ثا ثو ثي

ج

جَدّي جاء

يَزورُ الجار

جا جو جي

ح

حَمَامٌ حَامَ
حَوْلَ الغار

حا حو حي

خ

خَروفٌ خاف
خَـرَجَ ودار

خا خو خي

د

دُبٌّ دارَ

حَوْلَ الدّار

دا دو دي

ذ

ذِئْبٌ ذاهِبٌ
إلى الْمَراعي

ذا ذو ذي

ر

رِيمٌ راحَ
وَراءَ الرّاعي

را رو ري

ز

زَيْنَبُ زَارَتْ
بائِعَ الزُّهور

زا زو زي

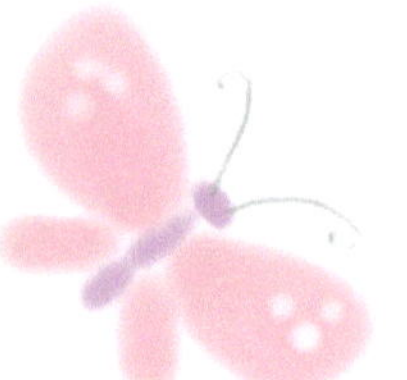

س

سِنْجابٌ سارَ
فَوْقَ السُّور

سا سو سي

ش

شَمْبانْزي أشارَ
إلى البِطريــقِ

شا شو شي

ص

صوصٌ أَصْفَرَ

صارَ صَديقي

صا صو صي

ض

ضِفْدَعٌ ضاعَ

في الـمَطار

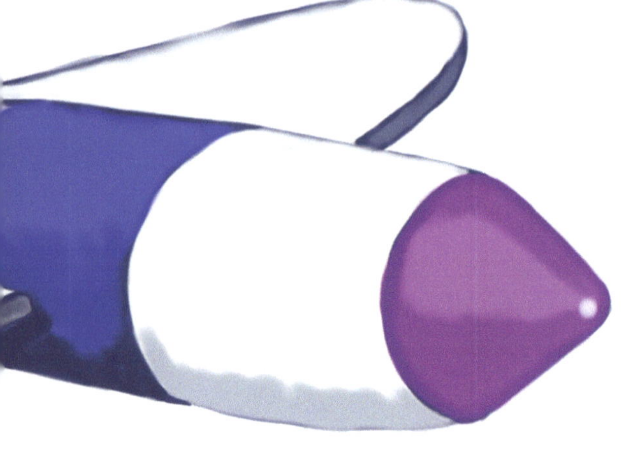

ضا ضو ضي

ط

طَيَّارٌ طَارَ

بَعْدَ الإفْطَار

طا طو طي

ظ

ظَرِيفٌ ظَامِئٌ
فَوْقَ القَشِّ

ظا ظو ظي

ع

عُصْفورٌ عَادَ
إلى العُـشِّ

عا عو عي

غ

غَانِمٌ قَلَّدَ
مَلِكَ الغَابِ

غا غو غي

ف

فَهْدٌ فازَ

سَبَقَ الأَصْحاب

فا فو في

ق

قِرْدٌ قَالَ

قِطاري جَديد

قا قو قي

ك

كَنْغَرٌ كانَ يَقْفِزُ
وهُوَ سَعيد

كا كو كي

ل

لاما وَجَدَتْ
ثَلاثَة أَصْدِقاءِ

لا لو لي

م

عَنْزٌ مَالَتْ

عِنْدَ الـمَاء

ما مو مي

ن

نائِلُ نادى:

بُرْجٌ مائِلِ

نا نو ني

هـ

هُدْهُدٌ قالَ:

هَرَمٌ هائِـل

ها هو هي

و

وَسْط الوادي

وَزَّة ويَرْبوع

وا وو وي

ي

يارا قَفَزَت

في الْيَنْبوع

يا يو يي